A REVOLTA
DA CACHAÇA

ANTONIO CALLADO

A REVOLTA DA CACHAÇA

1ª edição

Rio de Janeiro, 2016

Copyright @ Teresa Carla Watson Callado e Paulo Crisóstomo Watson
Callado, 2016

1ª edição Nova Fronteira, 1983.
1ª edição José Olympio, 2016.

Capa
Carolina Vaz

CIP-BRASIL. CATALOGAÇÃO NA FONTE
SINDICATO NACIONAL DOS EDITORES DE LIVROS, RJ

C16r
Callado, Antonio, 1917-1997
A revolta da cachaça / Antonio Callado – 1ª ed. – Rio de Janeiro:
José Olympio, 2016.

ISBN 978-85-03-01266-9

1. Teatro brasileiro (Literatura). I. Título.

15-24187

CDD: 869.92
CDU: 821.134.3(81)-2

Este livro foi revisado segundo o novo Acordo Ortográfico da Língua
Portuguesa.

Todos os direitos reservados. Proibida a reprodução, armazenamento ou
transmissão de partes deste livro, através de quaisquer meios, sem prévia
autorização por escrito.

Reservam-se os direitos desta edição à
EDITORA JOSÉ OLYMPIO LTDA
Rua Argentina 171 – Rio de Janeiro, RJ – 20921-380 – Tel.: 2585-2000

Seja um leitor preferencial Record.
Cadastre-se e receba informações sobre
nossos lançamentos e nossas promoções.

Atendimento e venda direta ao leitor:
mdireto@record.com.br ou (21) 2585-2002

Impresso no Brasil
2016

O VAIVÉM COMO MÉTODO:
O TEATRO DE ANTONIO CALLADO

João Cezar de Castro Rocha

A produção teatral de Antonio Callado ocorre num período relativamente curto, porém muito intenso.

De fato, sua primeira peça a ser encenada, *A cidade assassinada*, teve como tema os 400 anos da cidade de São Paulo, celebrados em 1954. O título se refere à transferência da população, do pelourinho — afinal, como ordenar uma povoação sem instrumentos de punição? — e dos foros da cidade de Santo André para São Paulo. Nesse processo, destacaram-se as figuras de João Ramalho e de José de Anchieta, prenunciando o embate entre modelos adversários de colonização, especialmente no tocante à sorte dos grupos indígenas. Recorde-se a fala sintomática de João Ramalho logo no início da ação:

— Índio precisa é de enxada na mão e relho no lombo! Esses padres só se metem para atrapalhar.

Desse modo, em seu primeiro texto teatral, Callado começou a articular a visão do mundo característica de sua melhor literatura.

Em primeiro lugar, o espírito celebratório perde terreno para o exame crítico do passado. Repare-se na força do título, evocando menos a *fundação* de São Paulo do que a *decadência* de Santo André. Nas origens de uma nova ordem social, portanto, o autor ressalta a violência inerente ao processo histórico brasileiro.

Além disso, o pano de fundo do conflito entre João Ramalho e José de Anchieta remete à origem mesma de uma violência estrutural ainda hoje presente no cotidiano de nossas cidades. Vale dizer, tudo se passa como se a forma desumana e arbitrária com que os índios foram tratados nos primórdios da colonização tivesse moldado a própria história da civilização brasileira: esse conjunto de desmandos e desigualdades, dissecado e exposto na obra do autor de *Quarup* — e isso no teatro, no jornalismo e na literatura.

No mesmo ano, uma nova peça foi encenada, agora no Rio de Janeiro, e com elenco irretocável: Paulo Autran, Tônia Carrero e Adolfo Celi.

Não é tudo: o tema de *Frankel* estabelece um elo surpreendente entre o distante passado colonial e o presente do escritor, marcado pelo elogio ao progresso e pelo esboço da ideologia desenvolvimentista, que em poucos anos seria consagrada, durante a presidência de Juscelino Kubtischek, na construção de Brasília.

A trama se desenrola no Xingu, num posto do Serviço de Proteção aos Índios. Nesse cenário — em tudo oposto à crescente urbanização dos anos de 1950 —, um mistério, na verdade, um assassinato, reúne uma antropóloga, Estela, um jornalista, Mário

Mota, um geólogo, Roberto, e o chefe do posto, João Camargo — cujo nome faz reverberar o João Ramalho de *A cidade assassinada*.

No início da peça, o pesquisador Frankel está morto e o tenso diálogo entre os personagens deve esclarecer as circunstâncias do ocorrido. Surgem, então, revelações que articulam um dos motivos dominantes de entendimento de Callado a respeito da história brasileira: a projeção fantasmática do passado no tempo atual.

Assim, ganha nova dimensão o aspecto sacrificial da morte do pesquisador. Nas palavras de João Camargo:

— Os índios não estão conflagrados. Eles foram... foram... como se pode dizer? Foram apaziguados com a morte de Frankel.

O malogrado pesquisador teria levado a cabo experiências comportamentais que reduziram os índios ao papel de meras cobaias de laboratório. Ainda nas palavras de Camargo, o clorofórmio era sistematicamente utilizado "para adormecer índios e realizar 'pequenas intervenções psicológicas', como ele mesmo disse".

As duas primeiras peças, portanto, esboçam um retrato em preto e branco do dilema que atravessa a experiência histórica brasileira: o desprezo, por vezes vitimário, em relação ao "outro outro" — o índio, o preto, o pobre; em suma, todos aqueles distantes dos centros do poder.

A peça seguinte, *Pedro Mico*, de 1957, inaugurou o "teatro negro" de Antonio Callado.

Destaque-se a coerência do gesto.

Ora, se, nos textos iniciais, o índio, embora direta ou indiretamente estivesse em cena, não deixava de estar à margem, agora, o excluído por definição do universo urbano — o preto, favelado e marginal — assume o protagonismo, esboçando o desenho da utopia que marcou a literatura do autor de *Tempo de Arraes*: a possibilidade de uma revolta organizada, talvez mesmo de uma revolução, a fim de superar as desigualdades estruturadoras da ordem social nos tristes trópicos.

Pedro Mico é um típico malandro carioca, sedutor e bem falante, que, perseguido pela polícia, se encontra escondido num barraco do morro da Catacumba. Em aparência, o malandro não tem saída. Eis, então, que sua nova amante, a prostituta Aparecida, imagina um paralelo que enobrece o desafio:

— O Zumbi deve ter sido um crioulo assim como você, bem parecido, despachado. [...] E não fazia nada de araque não. Se arrumou direitinho para poder lutar de verdade.

A história do líder negro inspirou o malandro carioca a inventar um modo astuto de enganar os policiais. Ele fingiu que se havia suicidado; afinal, como ele sussurrou:

— Zumbi, mas vivo.

Os dois conseguem escapar ao cerco e, já no final da peça, Aparecida dá voz ao desejo nada obscuro de Callado:

— Você já pensou, Pedro, se a turma de todos os morros combinasse para fazer uma descida dessa no mesmo dia?...

A utopia se esboça, ainda que as contradições insistam em mantê-la no não lugar dos inúmeros morros da Catacumba que emolduram a cidade. Nas primeiras encenações de *Pedro Mico*, no Rio de Janeiro e em São Paulo, o protagonista foi representado por um ator branco pintado de preto.

(Pois é: *all that jazz* nos palcos tupiniquins...)

No mesmo ano de 1957, Callado escreveu *O colar de coral*. Outra vez, idêntica encruzilhada se afirmou no vaivém entre o atavismo do passado e as promessas de um presente com potencial revolucionário. O enredo associa a decadência do mundo rural, isto é, da família patriarcal, à reescrita de *Romeu e Julieta*.

Vejamos.

Os Monteiro e os Macedo, remanescentes de famílias um dia poderosas no Ceará, vivem seu prolongado eclipse no Rio de Janeiro. Nem a ruína econômica, tampouco a transferência para a capital do país atenuaram o ódio e a rivalidade das duas famílias.

Eis que o atavismo começa a ser superado pelo amor que une Claudio Macedo e Manuela Monteiro — aliás, ressalve-se a função transgressora e insubmissa da mulher no teatro de Antonio Callado. A intriga se resolve na determinação dos jovens amantes em romper com o ciclo interminável da vingança. Coube a Manuela materializar um novo tempo ao advertir duramente sua avó:

MANUELA — Cale essas histórias para sempre. Ninguém fará circular o ar pelo porão da sua saudade, atulhado de mortos. A senhora não ouviu Claudio delirante, que lhe dava uma lição. Uma pequena bomba cheia de sol acabou com o crime. Ele perdoou papai, você, Ezequias Macedo e Fernando Monteiro, todos os Macedos e Monteiros que rezavam sua ira em capelas de ódio.

Em *Raízes do Brasil* (1936), Sérgio Buarque de Hollanda supôs que o homem cordial, esse rebento do universo agrário e da família patriarcal, seria superado pela urbanização, cuja lógica, em tese objetiva e impessoal, deveria propiciar formas diversas de relacionamento, para além do predomínio do afeto e dos interesses particulares. A seu modo, Callado compartilhava a expectativa do historiador e a fala de Manuela é bem uma vela acendida em memória de um passado a ser definitivamente deixado para trás.

No ano seguinte, Callado aprofundou o gesto de reescrita da história, e, ao mesmo tempo, retomou o projeto do "teatro negro". Assim, em 1958, o autor de *A expedição Montaigne*, teve encenada *O tesouro de Chica da Silva*.

As venturas e desventuras da ex-escrava são bem conhecidas; por isso, importam ainda mais as torções impostas pelo autor à história.

Em primeiro lugar, Chica da Silva é protagonista indiscutida da trama, dominando os dominadores tanto pela sedução, quanto, e, sobretudo, pela astúcia. Macunaíma que se recusou a virar constelação, a ex-escrava do Tijuco decidiu brilhar sozinha! Inversão bem-sucedida que conheceu uma inspirada tradução cênica: no início da ação, Chica vê-se cercada por suas mucamas. E, como o coro nas tragédias gregas, elas pontuam suas peripécias, dialogando com a senhora e comentando as circunstâncias do tempo.

Heroína trágica: portanto, com toda a nobreza relacionada ao papel. Contudo, assim como Pedro Mico, Chica da Silva deseja a altivez da personagem, mas não sua queda inevitável. Para tanto, concebe um artifício que assegura sua liberdade e a prosperidade do contratador João Fernandes, reduzido à passividade, quase à inação. Cabe à ex-escrava dobrar o conde de Valadares: o *tesouro* do título se refere sobretudo à inteligência de Chica e não apenas aos diamantes das Minas Gerais, que, por certo, ela nunca deixou de acumular.

A sombra tutelar de Zumbi também é visível no drama; porém, de novo, a questão não é mais o elogio da morte heroica, porém o triunfo possível em condições adversas. Difícil equação, armada graças à astúcia de uma razão que faz sua a riqueza alheia, mas sem abdicar dos méritos próprios. Essa é a dialética que se presencia no autêntico duelo musical que opõe o conde de Valadares e a ex-escrava. Eis a troca de farpas e agudezas:

VALADARES — Mas esta música... Isto é coisa de Viena d'Áustria, pois não?

CHICA — Isto é do maestro daqui mesmo. Ele toca órgão na igreja de Santo Antônio. (...) Chega de música, maestro. O senhor conde quer agora um lundu e umas modinhas, quer música de quintal e de serenata.

Em 1958, mantendo o impressionante ritmo de sua produção teatral, Callado escreveu *A revolta da cachaça*, terceira peça do "teatro negro". Em alguma medida, ele aproveitou para acertar contas com o teatro brasileiro, num texto no qual se dão as mãos metalinguagem e recuperação da história.

Explico.

Como vimos, nas primeiras apresentações de *Pedro Mico*, o papel do protagonista foi desempenhado por atores brancos pintados. Agora, surge em cena um ator negro — a peça foi dedicada a Grande Otelo, que deveria tê-la encenado; porém, o projeto não foi adiante —, cansado de repetir papéis subalternos: "Não aguento mais ser copeiro, punguista e assaltante".

De fato, Ambrósio tinha toda razão e, por isso, exigia de Vito, escritor seu amigo, que finalmente concluísse a peça escrita especialmente para ele e prometida há uns bons dez anos:

AMBRÓSIO — Preciso da peça, Vito! Ou você está querendo me sacanear? [...] Vai me tratar feito moleque? Eu te mato, Vito!

O título da peça, aliás, alude à Revolta da Cachaça, sucedida no Rio de Janeiro de novembro de 1660 a abril do ano seguinte. O objetivo da rebelião era contestar o monopólio da produção do destilado e um de seus nomes mais destacados foi o do negro João de Angola. Mais uma vez,

Callado recorre ao vaivém entre tempos históricos, oscilando da releitura do passado ao exame crítico do contemporâneo, cujos impasses são assim mais bem explicitados.

Por exemplo, recorde-se a fala incisiva de Ambrósio:

— Quando a gente pensa que peças de teatro são escritas no Brasil desde que Cabral abriu a cortina desse palco (Anchieta já fazia teatro) parece incrível que esta seja a primeira que tem um preto como protagonista. [...] E preto-protagonista é crioulo mesmo e não preto pintado de branco.

Pois é: contudo, como esquecer que a peça não foi encenada na época de sua escrita?

Mais: permaneceu inédita até 1983, quando se publicaram os quatros textos do "teatro negro" num único volume.

Não será a força desse atavismo conservador o móvel da dramaturgia de Antonio Callado? Isto é, suas peças constituem uma forma de denúncia, uma rebeldia cênica diante da desigualdade nossa de cada dia.

Encerremos este breve estudo com um auto de Natal, reinterpretado à luz das transformações da sociedade brasileira no início dos anos 1960; o ciclo, assim, se fecha: da alusão aos autos de José de Anchieta, presente em *A cidade assassinada*, à estrutura de um auto em sua última peça.

Escrita em 1961, *Uma rede para Iemanjá*, completa o mosaico do "teatro negro". O enredo é singelo: Jacira, grávida, foi abandonada pelo marido, Manuel Seringueiro. Sozinha, prestes a parir, encontra, na praia, o personagem descrito como o "Pai do Juca", cuja fala inicial desvenda seu epíteto:

— Está quase fazendo um ano certo, Iemanjá. É tempo de trazer de volta o meu menino....

No primeiro plano, uma história de ilusões perdidas. Contudo, em meio a esse cenário, Jacira encontra ânimo para imaginar uma alternativa — como sempre, cabe à mulher articular a imagem da utopia:

> JACIRA — Pai do Juca, você precisa deixar de pensar tanto no seu filho e em Iemanjá. Você anda misturando

muito as coisas. Você sabe? Eu
já estou quase consolada de ter
perdido o meu Manuel. Não pense
tanto no Juca. Deixe o consolo vir.

A peça termina no momento em que o filho de
Jacira vai nascer. A rubrica do autor é precisa:

PANO LENTO

FIM

Ao que tudo indica, ainda mais lento é o ritmo
das mudanças numa sociedade como a brasileira.

(O vaivém como método: crítica corrosiva de
estruturas que se perpetuam.)

PERSONAGENS

AMBRÓSIO
(um ator negro)

VITO
(dramaturgo)

DADINHA, EDUARDA
(mulher de Vito)

POLICIAIS 1, 2 E 3

(O cenário é a grande sala de estar da casa de Vito, em Petrópolis. Ambiente bem serrano e próspero. No canto direito, perto de uma grande janela pela qual se avistam plantas, uma pequena mesa com máquina de escrever, papéis, dicionários. No primeiro plano, jogo de poltronas e dois sofás, um diante do outro. Livros nas estantes. Não longe das poltronas um ex-voto de madeira, representando uma cabeça. Um espanador de cabo comprido foi esquecido a um canto. A sala tem duas portas. A da esquerda, que dá para fora, e a da parede do fundo, que leva ao resto da casa. Também na parede do fundo, uma lareira onde se vê lenha de verdade, empilhada. Diante da lareira um aquecedor elétrico, ligado.

Na sala elegante só há um objeto insólito: um tonel, perto da porta de entrada, montado num estrado com rodinhas; na parte inferior do tonel, uma torneira, como em pipas de vinho.

*Em cena, Vito, na sala iluminada por um solzi-
nho suave, de tarde de inverno na serra. Vito bate
máquina durante uns instantes. Porta que dá para
o resto da casa se abre e entra Dadinha.)*

VITO *(sem tirar os olhos do papel)* — E
então?

DADINHA — Então o quê?

VITO — O mastodonte aí, a barrica, pipa
ou lá o que seja.

DADINHA — Eu diria tonel.

VITO — Tonel. E então?

DADINHA — Mistério insondável.

VITO *(se virando na cadeira)* — Será possível que ninguém saiba como é
que um troço desse tamanho veio
parar aí?

DADINHA *(empurrando o tonel para um lado
e para o outro, como quem mostra
um brinquedo a uma criança)* —
Veio nas rodinhas dele, ó. Repara
só. Uma pipinha que anda e tudo.

VITO *(pausado)* — O que é que o caseiro falou? Qual a explicação que deu?

DADINHA — Confirmou o que a mulher dele já tinha contado. O tonel foi entregue como um presente. O Milcíades abriu o portão para deixar o carro de entrega passar, e a Mariana abriu a porta da casa para deixar o tonel entrar, empurrado pelo ajudante de motorista. Foi assim que o tonel chegou até aqui, onde se encontra. Eis aí, lorde Vito, o resultado, até este momento, das investigações no caso do tonel inexplicável.

VITO *(falando mais a si mesmo)* — Como se acaba uma peça com um barulho desses? *(para Dadinha)* Quer dizer, então, que o tal entregador, ajudante de motorista, veio até aqui dentro da sala, rolando uma barrica, e não disse nada, não mencionou o nome de ninguém, e nada lhe foi indagado, ou perguntado? Pelo visto isso aqui virou o cu da mãe joana.

DADINHA *(pausada ela, agora)* — Deixe de ser desbocado e malcriado. Guarde o mau humor para quem o merecer, pombas!

VITO *(se levantando)* — Desculpe, meu bem. Mas precisamos arranjar outros caseiros, você não acha? Se a Mariana e seu Milcíades aceitam qualquer coisa que alguém resolva depositar aqui, a gente é capaz de abrir a porta amanhã e esbarrar num tílburi daqueles da praça D. Pedro, com cavalo e tudo.

DADINHA — Uma boa, eu sairia imediatamente a passeio. Pocotó, pocotó.

VITO — Tá, Dadinha, me perdoe. Você tem tanta culpa quanto eu, claro. Está na cara que o carro de entrega veio bater na porta errada. Mas os caseiros ficam só olhando, feito dois idiotas. Por sua vez o entregador nem apresenta uma fatura para alguém assinar? Nunca vi nada parecido na minha vida. Pelo menos vamos ver o que tem aí dentro. E com cuidado, que é capaz de ser pólvora. Ou um cadáver cortado em quatro.

DADINHA — Perca essas esperanças românticas e exageradas. Enquanto você dormia, esse tipo de pesquisa foi feito. Cachaça.

VITO — Como?

DADINHA — Estamos falando no tonel, não? Você desejava saber o que contém, não é assim? Pois estou informando que está cheio de cachaça. O Milcíades chegou a essa conclusão despregando a tampa, com uma chave de fenda e um martelo. *(Dadinha levanta a tampa do tonel, como quem faz uma demonstração)* Mas eu já tinha tomado a iniciativa mais prática de pegar um copo e abrir a torneirinha. *(aponta)* Saiu o líquido. Provei. Cachaça. Fina.

(Diante de Vito atônito, Dadinha vai até a prateleira que encima a lareira e traz um copo cheio pela metade.)

DADINHA — Prova.
VITO *(bebe um golinho)* — Cachaça.
DADINHA *(mão a um lado da boca, falando ao público como em peça antiga)* — Lorde Vito constata, com grande consternação e certo asco, que sua

lady conhece o travo da bebida da plebe. Desde quando, e onde, contraíra o secreto vício?

VITO *(rindo)* — Tá, Dadinha, tá, não precisa representar de canastrã. Você já fez seu trabalho de detetive com grande competência.

DADINHA *(se aproximando dele e lhe dando um beijo)* — Elementar, milorde.

VITO *(retribui o beijo)* — Vou voltar à máquina senão não acabo esse último ato nunca. Vamos esquecer por enquanto o raio do tonel. Acho que agora é só aguardar. Daqui a pouco os caras da entrega voltam aí pra pedir desculpas e levar embora esta almanjarra, que deve ter sido encomendada pelo botequim da esquina.

DADINHA — É isso aí, mas palavra que antes eu banco a Margarida vai à fonte da canção portuguesa e encho um cântaro à bica da pipa. Aliás, vou fazer isso antes que eles apareçam e carreguem a azulzinha.

(Dadinha sai pela porta do fundo, cantarolando "Margarida vai à fonte". Vito volta à máquina. Novo instante de repouso, como ao abrir o pano. Pouco depois, campainha da porta. Dadinha volta à sala com uma jarra. Põe a jarra sobre a lareira e em seguida abre a porta de entrada da casa. Fica um instante com a porta aberta, olhando, sem dúvida, alguém que chegou, olhando como quem não acredita nos próprios olhos. Afinal estende as duas mãos para Ambrósio, que entra. Ambrósio está elegantemente vestido, calça cinza, blazer azul-marinho de botões dourados, camisa branca de colarinho aberto. Traz na mão uma maleta preta, moderna, tamanho médio.)

DADINHA *(abrindo os braços a Ambrósio)* — Há quanto tempo! Mas que barato! De onde é que você surgiu, *así no más*, no maior passe de mágica? *(abraçada a Ambrósio, mas se dirigindo a Vito)* Vito, chegou ao nosso castelo mal-assombrado o cavaleiro encantado que faltava.

(Vito, que ainda não viu de quem se trata, mergulha a cabeça nas mãos, no maior desespero de ser interrompido.)

AMBRÓSIO *(abraçado a Dadinha)* — Dadinha! Eduarda! Sempre linda, toda linda!

(Ao ouvir a voz de Ambrósio, Vito levanta a cabeça, espantado. Lança depois um derradeiro olhar à folha de papel e vai ao encontro de Ambrósio.)

VITO — Ambrósio! Mas que surpresa!

(Se abraçam e, apesar da interrupção, é evidente que a presença de Ambrósio dá prazer a Vito.)

AMBRÓSIO — Surpresa, eu sei, mas quem manda ser autor importante? Quem manda não ter telefone, pra evitar os chatos? Está pensando que torre de marfim não tem porta? Tem sim. Sempre tem. Com paciência a gente encontra.

VITO — Quando é gente feito você que descobre, tudo bem. Mas palavra que eu vou pedir ao Oscar que me desenhe uma torre de marfim com heliporto. Sem porta nenhuma.

AMBRÓSIO *(pondo a maleta em cima duma cadeira)* — Só se pode chegar pelo céu.

DADINHA *(a Ambrósio)* — Se fosse para afastar você não adiantava. Você tem partes com o céu. Aliás, pra seu governo, nós temos telefone, pra quando queremos falar pra fora. Mas nem eu sei o número de cor.

VITO — Ambrósio, rapaz! Como é que a gente perdeu o contato desse jeito? Garanto que agora não acontece mais não. Quando eu penso que antigamente a gente não passava um único dia sem se ver, sem se falar! Que bom você chegando assim, de repente!

AMBRÓSIO — Também garanto que não acontece mais não. Juro que não nos perdemos mais de vista. *(relanceando os olhos pela sala)* Que graça de casa que vocês têm. Vencer na vida é outra coisa. Por isso é que a Eduarda aqui falou agora mesmo em castelo.

DADINHA — Falei em castelo mal-assombrado.

VITO *(rindo)* — Estão acontecendo coisas. Correntes arrastadas. Ranger de dentes.

DADINHA — Nós estamos intrigados, Ambrósio, com esse tonel *(aponta)* que foi entregue aqui de manhã cedo, sem fatura, sem nome de remetente ou destinatário e...

AMBRÓSIO *(se curvando)* — Presente meu.

(Dadinha e Vito olham Ambrósio com incredulidade.)

AMBRÓSIO — Tratei de achar um atacadista de parati que fosse do próprio município de Paraty. Tinha que ser cachaça caprichada, de qualidade, além de destilada no estado do Rio. Porque quando eu ia saindo do médico me lembrei que era dia 6 de abril. Aí eu pensei, puxa, 6

de abril. Onde é que estarão Dadinha, Vito? Não encontrei vocês
no apartamento do Rio. Os amigos informaram que o certo era
procurar vocês em Petrópolis. Fui
à telefônica mas não havia o nome
de vocês no catálogo de Petrópolis.
Aí resolvi comprar o tonel de cachaça e despachar o bicho na raça,
sem retrato e sem bilhete. O 6 de
abril já tinha passado, mas valia a
lembrança.

*(Durante todo o tempo da fala de Ambrósio, Dadi-
nha e Vito o escutaram com interesse, mas com certo
espanto. Dadinha rompe o silêncio.)*

DADINHA — Desculpe, Ambrósio... Confesso
que... *(olha para Vito)* Pelo jeito o
Vito também não está lembrando.
Dia 6 de abril?... Teu aniversário
eu me lembro, é agosto, dia 2,

não é mesmo? Claro que eu não ia esquecer. Mas abril?... Dia 6?...

AMBRÓSIO — Não estão lembrando? Pois durante algum tempo a gente falou na Coincidência, com C grande. O Vito andava naquela aflição de encontrar tema pra peça sobre o Rio. O Serviço Nacional do Teatro estava inaugurando o novo Teatro República. O grande papel da peça tinha que ser aqui do retinto.

VITO *(rápido)* — Claro, evidente. Me lembro demais da peça. Não tem uma semana ainda falávamos nela, Dadinha e eu. A coisa do 6 de abril é que...

AMBRÓSIO — Mas será possível?... Assim como no dia de enganar os tolos a gente diz "primeiro de abril!", naquele tempo, quando pintava uma coincidência, a gente berrava "6 de abril!".

DADINHA — Puxa, gente! Isso mesmo. Nós naquele sufoco, o Vito mergulhado numa montanha de livros, e de repente, em cima da hora — tan-tan-taran! — *A revolta da cachaça*, a grande peça!

AMBRÓSIO — Grande peça uma ova! Cadê a peça?

VITO *(ignorando Ambrósio)* — Isso aí! Eu tinha me esquecido é de que foi num dia 6 de abril que nós descobrimos que a 6 de abril de mil seiscentos e lá vai pedra tinham morrido Jerônimo Barbalho e o preto João de Angola. Resolvido o problema!

AMBRÓSIO — Resolvido, vírgula. Como resolvido se até hoje a peça não foi acabada?

VITO — Mas vai ser, vai ser. Garanto. *(como a lembrar a peça)* Quando cortam a cabeça...

AMBRÓSIO *(interrompendo)* — Vocês estão lembrados do Umbandinha? O nome direito dele não sei. Acho que ninguém nunca soube. Escurão. Macambúzio. Fazia pontas. Menores ainda do que as minhas.

VITO — Mas claro, o Umbandinha. Antes das estreias ia se benzer na macumba do Nilo, na Gávea. Ficava puto da vida quando alguém dizia que ele falava sozinho. Estava falando com os espíritos, era a explicação que ele dava.

AMBRÓSIO — Ele morria de medo das coincidências. Dizia que a vida da gente está toda escritinha, desde que a gente nasce. Mas Deus não deixa a gente ver o que vai acontecer senão todo o mundo se suicidava. Qualquer coincidência levanta uma ponta do véu, do enredo geral da vida da gente. Deus cochila e — pam! — a gente flagra uma coincidência. Deus fica puto da vida quando descobre que alguém pegou ele cochilando. Por isso é que coincidência a gente tem que virar a cara e fingir que não viu. Quando o Umbandinha viu nossa alegria por causa dos dois 6 de abril se benzeu três vezes. "Coincidência de data é pior ainda", ele me disse, "só dá coisa ruim".

DADINHA — Biruta mas muito simpático, o Umbandinha. Que fim levou ele?

AMBRÓSIO — Morreu.

VITO — Coitado. Eu nem soube.

AMBRÓSIO — Ninguém soube. Quer dizer, só a mulher dele, a família. Mas eu ainda encontrava o Umbandinha de vez em quando, ele na pontinha de sempre, eu na minha pontona. Eu soube da morte dele depois de comprar *(aponta com o beiço)* aí o tonel. Coincidência. O Umbandinha morreu dia 6 de abril.

(Dadinha e Vito olham Ambrósio, olhos arregalados. De repente os três começam a rir ao mesmo tempo.)

DADINHA — Ah, Ambrósio, que maldade, mas que história mais impagável!

VITO — Coitado. Logo ele, que não tinha nada que ver com o nosso 6 de abril.

AMBRÓSIO — Sabe-se lá. *(persigna-se)* Não foi ele que tanto falou na coincidência? Pois vai ver que por isso a vítima foi ele. Tomara que tenha morrido com ele o mau-olhado que a peça tinha. Agora estamos de astral alto. Pode ser até que a peça saia.

(Ambrósio de repente parece cansado. Se apoia nas costas de uma cadeira, quieto. Dadinha praticamente o guia pelos braços até o assento da cadeira.)

VITO — Claro que a peça vai sair, ora! Ela continua na ponta da língua. Na ponta dos dedos, sei lá. Na bica, na bica. Eu sou até capaz de representar trechos, olha.

AMBRÓSIO *(sentado, sorrindo, como se não tivesse ouvido)* — O Umbandinha tinha suas malícias, suas ferroadas. Num dia em que eu estava muito desesperado, desempregado e empilecado, ele me disse: "Não te falei? Coincidência de data fulmina a gente."

DADINHA — Uai! Que maluquice é esta? No caso do 6 de abril não deu em nada.

AMBRÓSIO — E tem nada pior do que *nada,* Dadinha? Principalmente quando a gente espera *tudo* de alguma coisa?

VITO — Ambrósio, meu velho, estou te achando meio fossento. Olha, escuta só.

(Vito começa a evocar a peça, olhando em frente, enquanto Ambrósio vai à sua maleta, que coloca em cima duma cadeira afastada e que em seguida abre. Tira de dentro uma pasta de papelão. A maleta permanece aberta.)

VITO *(para o público)* — Lá vem ele vindo. João de Angola que desce do seu quilombo. João é preto forro mas mora no seu morro, onde qualquer preto que chegar está livre. João desce para ajudar Jerônimo Barbalho. Portugal impondo seu vinho e proibindo o povo de fabricar cachaça com a cana dos engenhos cariocas. Quando o pano abre... Espera...

AMBRÓSIO *(passando a pasta a Vito)* — Não canse a fatigada memória. Aqui está *A revolta da cachaça,* versão primeira.

VITO — Puxa! Passadinha a limpo! *(olha o texto, folheia)* As pipas de cachaça rolando no meio da noite, no maior silêncio possível. Os veleiros boiando nas águas escuras. Pela primeira vez um pedaço de Brasil livre. Pela primeira vez, nesta terra, pretos livres. Eta, peça capitosa! Que porre de peça!

AMBRÓSIO *(alegre)* — Daí o presente, o tonel justiceiro, que aparece logo aí na tua página três. Neste tonel cabe a primeira versão inteira. *(para o público)* O Jerônimo Barbalho era fidalgo, gente fina. Produzia cachaça no engenho dele, da lagoa Rodrigo de Freitas, mas em casa não dispensava sua pipa de vinho da Madeira. Uma pipa com as armas da família. Montada em tábuas curvas, como se fosse um berço de criança. O Madeira ganhava força e aroma com o balanço do navio na travessia do Atlântico. Por isso Jerônimo continuava a balançar o vinho na sua chácara da Praia Formosa...

DADINHA — Virgem! Estou morrendo de sede. Como a gente deu pra tomar vinho Madeira naquele tempo! Introduzimos a moda no Gôndola. Todo mundo nos achava chiquérrimos, com a garrafa de madeira em cima da mesa. *(aponta o tonel)* E vamos tomar essa uca — ou parte dela, espero — como manda o figurino. Vou fazer uma batida de ninguém botar defeito.

(Dadinha sai com a jarra.)

VITO — E o Agostinho Barbalho, hem Ambrósio! O pulha. Irmão do Jerônimo mas todo encagaçado, certinho. Só pensava em não mijar fora do penico. "A cidade do Rio fazer cachaça sem licença? Sem prestar contas ao governador? Se governando só com a Câmara de Vereadores? Bofé, não! Aqui d'El Rei!" Ah, que gostosura quando Jerônimo, exasperado, enfia ele na pipa de vinho! Só quando já estava quase morrendo afogado é que o veado do Agostinho entregou os pontos.

AMBRÓSIO — Obra-prima! Obra-prima! O tal do Agostinho saindo da pipa feito um frango refogado em vinho Madeira!

(Dadinha volta com a jarra cheia de gelo e limão e com três copos, que enche.)

DADINHA *(brindando)* — Saúde, Ambrósio.
VITO — Tua saúde, amigo velho.
AMBRÓSIO — Salve! A João de Angola, a Jerônimo Barbalho. Viva Eduarda! A você como você era, Vito. Naque-

le tempo a gente quase podia ver as ideias saindo da tua cabeça. Eu vou te dizer uma coisa. Se esta cor de carvão não me atrapalhasse na minha carreira, eu estava cagando pra ela, palavra. Mas no tempo da primeira versão eu gamei pelo meu pretume. Angola parecia que estava ali na esquina, os angolanos cheios de graça, de bossa, de dignidade. Bons de plantar. Bons de fazer vinho de palma. Bons de fundir o ferro, que no Brasil ninguém sabia. João de Angola fazia as armas de Jerônimo e o abebé de Iemanjá. Os pretos em Luanda e Benguela se escravizando entre eles mesmos porque lá ninguém obedecia. Todos mandavam. Tomavam posse uns dos outros, trocavam de dono, se vendiam em troca da cachaça que vinha do Rio.

DADINHA — Me lembro do Vito arrumando as ideias pra peça: o português mandava, o brasileiro obedecia, o preto fazia e dançava...

(Os três se saúdam, bebem.)

AMBRÓSIO — E o marinheiro doido, o capitão, o negreiro lelé da cuca? Abria o ventre do navio pra negrada sair, ali no cais Pharoux, e berrava: "Homem e mulher pro mercado de escravos da rua Direita... Deuses e deusas pro morro do Castelo." Aí era o desfile, o primeiro desfile, os da rua Direita estropiados, acorrentados, sangrando... Pro Castelo, comandados pela rainha Ginga, iam Xangô, Omulu, Ogum com suas ferramentas, Ian-

sã, Oxum. E toda linda, lustrosa
de tão negra, vestida de lírio,
Iemanjá.

*(Os três se sentam, como se estivessem cansados e
alegres, mas na verdade estão mais cansados do que
alegres. Bebem, tilintando os copos, que Dadinha
enche de novo.)*

DADINHA — Puxa! Que beleza aquele tempo.
A gente discutindo o desembarque
dos deuses. Até eu ia entrar na
peça.

VITO — Por aí vou retomar a peça. A beleza daquele tempo. Nós e a peça!

AMBRÓSIO — Já ouvi você dizendo isso tantas
vezes! Acho que você não quer
evocar a Dadinha, que você cha-
mava na peça de flor amorosa de
três raças alegres. Dadinha em
chamas!

DADINHA — Bem, eu fazia três pontas, lá isto fazia.

AMBRÓSIO — Mas que pontas! A mulher portuguesa de Jerônimo, embalando o vinho, ninando o Madeira; a taverneira carioca que vendia aguardente na rua Matacavalos, e a cabocla que aprendia dança de umbigada com as iaôs. Era o máximo.

VITO — A Dadinha ainda é o chamado bom-bocado. Mas que broto ela foi, que rapariga em flor, hem Ambrósio! Você que o diga. *(Vito se levanta, dá um beijo em Dadinha)* Eta, crioulo de gosto apurado, o Ambrósio. Já naquele tempo tu era todo janota fora do palco. Às vezes de branco, sapatos brancos, mosca no leite, como se dizia. Foi o primeiro cara que eu

vi com aqueles ternos de tussor de
seda. Se vestia na Torre Eiffel, rua
do Ouvidor. Comprava gravatas
na Casa James.

AMBRÓSIO — Dava cada beiço! Maior que o
meu.

DADINHA — E o Ambrósio continua o fino
da elegância, Vito, olha só. *Blazer*
azul-marinho, botões dourados.
Sai debaixo!

*(Vito esvazia o copo. É o primeiro a ficar alegre, ace-
lerado. Se abastece de mais cachaça diretamente na
torneira do tonel.)*

VITO *(respondendo a Dadinha)* — Quem
tirou você debaixo dele foi aqui o
dramaturgo.

AMBRÓSIO *(como quem não ouviu)* — Eu pro-
curo sempre andar meio almofa-
dinha, como se dizia antigamen-

te. Crioulo tem que andar com ar de quem é troço na vida, de quem tem grana no banco e erva viva no bolso. Se ele não se enfeita e de repente pinta uma cana — quem é o primeiro a entrar no camburão? Até o negro se explicar...

DADINHA *(meio sonhadora)* — João de Angola! Nossa! Teatro didático é um saco. Até os críticos sabem disso. Mas me lembro na leitura da primeira versão não sei quem dizendo que você aparecia nos canaviais do Rio feito uma bandeira negra de corsário no mar. Você forjando uma espada pra d. Jerônimo e ganhando ela depois. Você promovido de escravo a príncipe. *(bebe também)* Pombas! Ô Vito, por que é que você de repente começou a embirrar com a peça? Ah, sei lá...

VITO *(de pé, num devaneio)* — Você
ainda pergunta? A história se dis-
solvendo em carnaval... Do morro
do Castelo passando ao morro da
Favela...

*(Ambrósio se levanta, vai à maleta aberta e pega
outra pasta.)*

DADINHA *(teimosa)* — Começou a torcer o
nariz: "Hum! Peça histórica! Que
jeito a gente pode dar nisso, hem?"
Começou logo com as dúvidas.
AMBRÓSIO — Aí, Dadinha, você me desculpe.
O Vito embirrou. Certo. A gente
pode até dizer que durante algum
tempo emburrou. Não falava
mais nada, não dizia nada, como
se quisesse arquivar *A revolta da
cachaça*. Mas não vamos esquecer
que ele começava a desprezar a
obra-prima porque tinha na ca-

beça uma obra mais prima ainda, mais *pole-position,* mais bacana. Jerônimo e João de Angola enfiados num enredo de escola de samba. Depois da idade do mármore... *(brandindo a pasta) A revolta da cachaça,* versão segunda.

VITO *(que se aproxima do tonel e bate o compasso firme, inventando uma paródia de bum-bum-paticumbum)* — Lilli do Catumbi Sapucaí... *(para)* Depois da idade do mármore, a do gesso e da purpurina.

(Ambrósio levanta, tira o paletó, que atira sobre o sofá, e começa a dançar ao redor do tonel. Dadinha pega no canto o espanador de cabo comprido, que empunha para dar voltas com ele feito uma porta-estandarte. Cantam os três, como se relembrassem alguma canção da peça.)

DADINHA — É bom pra saúde o vinho do Porto.

AMBRÓSIO e VITO — Vinho de cana acorda até um morto.

DADINHA — Na minha mesa só sirvo o moscatel.

AMBRÓSIO e VITO — Eu a pinga e o vinho de mel.

DADINHA — Sobremesa elegante? Um cálice de madeira.

AMBRÓSIO e VITO — Pra mim aguardente sem eira nem beira.

DADINHA — Um malvasia, em taça sem jaça.

AMBRÓSIO e VITO — Taça sem quê? Socorro! Cachaça.

AMBRÓSIO *(chegando à frente da cena)* — Senhores, eu sou o prólogo desta peça antiga. Não é antiga no tempo, nada disso. Ainda nem está terminada, como o distinto público já percebeu. O autor dela, o Vito, empacou por motivos que estamos procurando deslindar. Eu subi a Petrópolis para isso. Ela *devia* ser antiga, lá isso devia. Quando a gente pensa que peças de teatro são escritas no Brasil desde que Cabral abriu a cortina deste palco (Anchieta já fazia teatro) parece incrível que esta seja a primeira que tem um preto como protagonista. Sobretudo quando os pretos chegaram aqui no tempo de Anchieta. *(suspira)* Portanto, quando eu digo, como prólogo, que esta é uma peça antiga, estou apenas querendo dizer, sem ofender o autor, que é uma peça antiquada. Porque ela tem começo, tem meio, tem fim. Tem cabeça (a cabeça de Jerônimo), tem tronco e tem pernas. E o preto-protagonista é crioulo mesmo e não preto pintado de branco. O Vito primeiro deu à peça o tratamento direto, mostrando no palco como a 6 de abril de 1661 João de Angola e Jerônimo Barbalho foram decapitados na frente do Convento de Santo Antônio. Tinham provado, contra o governador do Rio e o rei de Portugal, que o Rio se governava muito melhor só por meio de seus vereadores. Vereadores daquele tempo, naturalmente. Na segunda versão a mesma história vira enredo de escola de samba.

(Dadinha bota em cima da mesa o ex-voto, que é uma cabeça de madeira, e arruma nessa cabeça o paletó de Ambrósio, de modo a que forme uma boina. Um dos botões dourados fica igual à estrela.)

AMBRÓSIO *(puxando para si Dadinha, que lhe dá um beijo)* — Por ciúmes de mim com a mulher dele, o diretor da escola enfia na cabeça decepada do Jerônimo, esculpida por mim, uma boina feito a do Che Guevara. Grande suspense. A censura (na época tinha censura) não aprova a boina e prende o crioulo escultor.

DADINHA — Mas conta os ensaios. Que ardor! Eu (quer dizer, a atriz) entre meu marido dedo-duro, delator, e o escultor delatado, torturado na polícia. Estou vendo tudo de novo. *(olha para os dois)* Tudo acontecendo outra vez. A gente mergulhada no batuque. A cena, um estúdio na Mangueira. Os pretos e os deuses da África prontos pra desfilar, dentro da peça, na Presidente Vargas. A gente ensaiando, aprofundando o texto

— mas o Vito já sem fé na *segunda* história, inventando outra. Mostra aí, Vito, aquele dia em que você interrompeu a gente e...

(A luz apaga um instante. Os três "representam" o acontecido vários anos antes. Quando a luz acende, Vito vem entrando pela porta do fundo. Encontra Ambrósio e Dadinha cansados, sentados no sofá, mãos dadas. Manter, até o fim desta "representação", algum efeito de luz que guarde a sugestão de passado que se relembra.)

VITO — Dadinha! Ambrósio! Agora, sim. Temos uma história de lascar. Cessa tudo que a musa antiga canta, que a caceta da peça se levanta.

AMBRÓSIO *(irritado)* — Tem dó, Vito. Vamos ensaiar direito o que a gente tem! Ideia melhor do que essa da escola de samba você não vai ter não. Se você continuar assim quem fica

sem peça sou eu, porra. Acabo
outra vez fazendo papel de criado,
de ladrão, de bicheiro ou chofer.

DADINHA — Poxa, Vito, às vezes você dá
mesmo a impressão de que só quer
é sacanear o Ambrósio, tirar o pão
da boca dele. Só falta ele te pedir
a peça de joelhos! É isso que você
quer?

AMBRÓSIO — Peço, peço! Peço a peça! *(se
ajoelha)* Me dá a peça, Vito! Não
aguento mais ser copeiro, punguista e assaltante.

*(Vito dança, beija Dadinha, dá a mão a Ambrósio,
para que ele se levante, e beija Ambrósio também.)*

VITO — Não, Dadinha querida, te ale-
gra, que a tesão que deu agora na
peça é eterna, como a dos patriar-
cas, e você, como Sara, terá mais

filhos do que tem grãos de areia o deserto.

DADINHA — Cruz, credo! Não me roga esta praga.

AMBRÓSIO — A peça, Vito, cadê a minha peça? Você faz uma atrás da outra. Eu não tenho nenhuma, Vito! Cadê a peça do João de Angola? E a do crioulo da escola?

VITO — Ouçam, gente de pouca fé. Do mármore do primeiro negro livre fomos ao gesso e à purpurina, a cabeça decepada voejando feito um corvo por cima da multidão! Ambrósio preso! Na cabeça do primeiro mártir uma estrela criada outro dia...

AMBRÓSIO — É aí que estamos, aí que vamos ficar! A peça. Preciso da peça, Vito! Ou você está mesmo querendo me sacanear? *(num assomo de violência Ambrósio sacode Vito)*

Vai me tratar feito um moleque?
Eu te mato, Vito!

(Dadinha procura separar os dois. Vito segura Ambrósio pelos ombros, para que o outro pare de sacudi-lo.)

VITO — Não é isso não, Ambrosinho, meu anjo. *(intenso)* Agora vamos entrar na idade da carne e osso. Nós temos que *inventar* menos, tá sabendo? Temos que recolher os heróis, *devorar* os personagens, entende? Assimilar a turma. Hoje me bateu a iluminação. A *carga* das duas peças anteriores vai botar pra andar a peça que a gente quer. Não tem mais João, não tem mais Jerônimo e seu irmão covarde, não tem governador do Rio nem escola de samba.

DADINHA — Bravos! Não tem mais nada! Vamos apresentar ao distinto público *O demônio familiar*, de José de Alencar, ou *A viúva alegre*, de Franz Lehar.

(Dadinha e Ambrósio se dão as mãos e inventam uma espécie de letra para cantarem "Tua mão está fria", valsa da "Viúva alegre".)

DADINHA *(valsando)* — José de Alencar e a
E AMBRÓSIO   viúva do Lehar...
VITO — Ó, idiotas, escutem, escutem.

(Dadinha e Ambrósio continuam dançando, agora abraçados. Continuam repetindo "José de Alencar e a viúva do Lehar". Vito cruza os braços, sério, contemplando o par.)

VITO — Vocês não preferem ir pra cama não?

(Dadinha e Ambrósio param de dançar.)

Vito — Não se incomodem comigo não. Podem ir lá pra dentro que eu espero.

Dadinha — Pô, Vito, qual é?

Ambrósio — O que é isso, cara? Pirou de vez? Ou está bancando o ciumento pra me despachar da sua vida e não terminar a peça nunca? *(ameaçador)* Só tem uma coisa: você me mata como artista, mas em compensação eu te mato e ponto final!

Vito *(conciliador)* — Vai fazer besteira, me matando agora, Ambrósio. Porque agora, na peça de carne e osso, é que todo mundo vai ver que não tem ator brasileiro maior do que você nem nunca houve nenhum. Mesmo sem repertório, mesmo sem ter o que representar, você já tinha convencido meio Brasil desta verdade. *(pega Ambrósio pelos ombros e o leva até o proscênio)* Respeitável público, está aqui o grande ator. Encontrei ele no canto do palco, sempre no canto. O lugar dele é aqui!

(Aqui cessa o efeito de luz que dava certa irrealidade ao palco. Ambrósio senta a um lado de Dadinha. Vito senta do outro lado. Vito enche a jarra na torneirinha e enche os copos.)

VITO — Foi uma coisa assim que eu falei, não foi? Naquele tempo?

AMBRÓSIO *(com simplicidade)* — Você falou as coisas mais bonitas que eu já ouvi na minha vida. Você falou mais e eu sei de cor todas as tuas palavras. Gravei melhor na memória o que você disse do que qualquer trecho de peça que eu tenha representado. *(pausa)* Mas você nunca acabou a peça.

(Ambrósio se levanta, vai à maleta, tira de dentro outra pasta, e, de dentro da pasta, tira uma folha de papel.)

VITO — Nós três éramos a peça.

AMBRÓSIO *(mostrando a folha de papel)* — A *revolta da cachaça,* versão terceira. Tem *uma folha,* Vito. Se nós três éramos a peça, nós três somos muito pouco, pelo menos pra você. Quando é que você começou a remanchar, Vito, a esquecer o projeto?

VITO *(andando diante do sofá)* — Esquecer como? Trabalhei mais nesse projeto do que em qualquer outro. Basta ver aí nos papéis que você guardou. Fiquei apurando as transições de época, os recuos, os *flashbacks*. Coisa de um ano atrás — pergunta só à Dadinha — a gente leu uma segunda-feira lá no teatro a cena da segunda versão em que o crioulo pira, te lembra? De tanta porrada que levou na polícia por causa da boina do Che ele mistura as épocas... Está entrando na escola e encontra o mestre-sala experimentando roupa, todo de sapato de fivela, casaco de seda bordada, cabeleira empoada, e imagina que está diante de Jerônimo Barbalho.

(Ambrósio se levanta, faz uma mesura, começa a representar. Mas volta a se sentar, rosto escondido nas mãos.)

VITO — Pois o pessoal bateu palmas.

DADINHA — Pura verdade, Ambrósio. Me deu um nó na garganta só de lembrar, nos nossos ensaios, o mestre-sala compreendendo... entrando na tua loucura mansa... aceitando o papel de Jerônimo, vocês dois na masmorra, esperando o carrasco... O dia raiando no Rio de outros tempos...

AMBRÓSIO *(rosto mergulhado nas mãos)* — Lindo... lindo... *(para Vito, voz chorosa, mas violento)* As outras peças você acabou todas. Não falhou nenhuma. Foram tantas, de tanto sucesso, que diziam até que tua máquina de escrever tinha virado máquina registradora. Mas era tudo peça pra ator brasileiro normal, quer dizer, representante dessa negrada disfarçada que está aí *(faz um gesto largo, abrangente)*,

gente fosca, cafuza, mulato-clara ou nem tão clara assim, gente chocolate de leite, gente marrom puxando pra bege, jabuticaba pra roxinho leve, gente luto aliviado, quer dizer, carapinha e beiçola mas o couro já desbotando, e o olho verde — assim tudo bem! Mas peça de preto honesto, preto--preto, preto sem habilidade e hipocrisia, da carapinha à córnea amarela e à unha roxa, essa não tem, essa você não acabou nunca!

VITO — Poxa, meu irmão, tu está ficando racista? Eu não deixei de acabar tua peça por causa de negócio de cor, tinha graça! Ainda não acabei a peça até hoje, porque ela é também a *minha* peça, a que não tem nada que ver com televisão, com roteiro de cinema e com teatro digestivo. Uma peça direita...

(Vito anda diante do sofá, como quem procura palavras. Ambrósio faz um movimento de quem vai simplesmente se atracar com ele, mas Dadinha faz com que Ambrósio se sente ao seu lado, no sofá.)

VITO *(andando, olhando para o público de quando em quando)* — Uma peça direita tem um momento de *decolagem*. O avião só se transforma em pássaro depois daquele bruto esforço pra sair do chão, pra deixar de ser bicho da terra. Recolhe o trem de aterrissagem feito uma garça recolhendo pernas e virando flecha. Este é o momento em que se inicia uma *segunda* peça, nova, pelo menos tão forte quanto a primeira. São João, 3, 3: "Na verdade eu vos digo. Aquele que não nascer de novo não verá o reino de Deus."

(Ambrósio faz força pra se levantar, em novo assomo de raiva, mas Dadinha positivamente o enlaça. Começam um colóquio.)

DADINHA — Vito, deixando o sermão de lado. O que é que ficou faltando pra você acabar o raio da peça? Coragem? *(para Ambrósio)* Lembra nosso beijo, na peça?

(Dadinha e Ambrósio se beijam.)

VITO — Não, meu bem. Foi fôlego. Foi técnica. *(para o público)* Nem todas as peças são feitas de duas. As melhores de todas são feitas de três. Quer dizer, melhores não sei. As mais clássicas provavelmente são apenas duas, que se completam, se fecundam, se...

(O colóquio de Dadinha e Ambrósio fica um tanto inconveniente. Vito pigarreia, sem qualquer resultado.)

VITO — ...se harmonizam afinal, quietas. Feito mulher e homem depois de treparem longamente, ternamente, e que adormecem, caras no mesmo travesseiro, sentindo a respiração um do outro, o sopro da vida comum. *(falando mais alto)* E existem as peças que são como voos tranquilos mas que acabam em queda, desastre, explosão na pista ou mergulho no mar. Não aguentaram o terceiro elemento, a terceira peça, que é quando o teatro chega à tragédia. As épocas firmadas em colunas sólidas e serenas, seguras de si mesmas, aguentam muito bem a tragédia. Quer dizer, a peça pode acabar em vingança, em crime, em sangue mas não perde o rebolado, a classe. Tempos como os nossos não comportam, sem se avacalhar, esse elemento número três, que é a vida em estado bruto arrombando o esquema da peça — a vida do autor, da mulher do autor, das infidelidades, da conta do telefone, dos convites da televisão, dos porres e das ressacas do autor e dependentes do autor, dos visitantes, dos penetras, dos que não respeitam a solidão do autor e lhe invadem a casa mesmo quando sabem que o autor não quer ver ninguém porque quem escreve uma peça — seja ela simples, duas peças, ou calça, paletó e colete — tem que ficar sozinho com a máquina de escrever e...

DADINHA — Não berra, Vito!

AMBRÓSIO — Eu sei, eu me lembro quando a peça da escola de samba começou a entrar nesta tua fase de considerações sobre o teatro, o autor falando ao público que abre a boca de tédio e começa a se mexer na cadeira, a conversar. Você fez uma pá de peças que lotaram o teatro ou pelo menos não deram prejuízo. Quando chegou na minha peça, a peça do crioulo, tome reflexão sobre arte dramática! Tome escrever, reescrever, tome dramaturgo torturado! Torturado, mas com a registradora tilintando, enquanto eu ia ficando mais velho, mais segundo time.

VITO *(reagindo)* — E você desapareceu, não foi? Fazendo seus filmes, seus seriados de tevê, seus anúncios e peças. Pontas, se você prefere, mas sempre nos palcos, nas tábuas, na frente das câmeras. Ora!...

AMBRÓSIO — Eu parei de te procurar de vergonha. Pra não gastar todo o meu amor-próprio, que nunca foi enorme mas dava pro gasto. E talvez um certo medo de mexer nesta casa de que você tanto fala, sei lá. Tua casa.

(Os três bebem firme, agora. Ninguém cambaleia nem engrola a língua mas todos agem como quem está disposto a não andar nem falar como bêbado.)

DADINHA — Você está querendo falar no nosso caso, não está, Ambrósio? De antes de começar meu caso com o Vito?

AMBRÓSIO *(dando de ombros, impaciente)* — Estou querendo falar na gente em geral, Dadinha, e isso mesmo porque a gente está ligada à peça. Só isso. Há muito tempo que eu abri mão de vida particular, vida familiar, vida sentimental. Pra te falar com franqueza, nem sei mais direito se alguém me desperta tesão ou não, ou se estou ou não estou apaixonado. Nem quero provar coisa nenhuma — está vendo, Vito? — com essa história de raça, de preto, de preconceito ou do escambau. Os pretos que se danem, que se defendam, que tratem de se vestir bacana e ter tutu na carteira. Eu só quero representar, tá sabendo? E como a merda da cor atrapalha quero papel, quero repertório, quero peça que me dê fama e glória. Pronto! Isso aí.

DADINHA — Mas parece que para que tua peça saia é preciso ver por que

não terá saído, você não acha não?
E não vai dizer que o nosso caso
não valeu, neguinho... Vai?...

(Uma pausa.)

Vito — Tua vez de jogar, Ambrósio.

(Ambrósio está agora fatigado. Leva, de vez em quando, a mão ao coração.)

Ambrósio — Acho que a Eduarda começou
jogando mal, com uma carta errada. E pelo jeito vai teimar, insistir.
(bebe) O importante não é isso,
acho eu. Ainda mais agora. Esse
tipo de transa, de caso ou não caso,
não tem nenhum interesse pra
mim. Mas vou fazer um esforço,
Dadinha. Vamos lá. Tivemos um
caso, certo. Mas não estou te ofen-
dendo nem diminuindo se disser
que não era o caso de nossa vida,

nem da tua, nem da minha vida.
Tenho ou não tenho razão?

DADINHA *(com a insistência de quem bebeu demais)* — Tá. Tudo bem. Não estou muito certa, mas tudo bem. Digamos que era assim. Mas podia ter sido diferente, não? Podia ter virado coisa mais séria. Muito mais séria.

AMBRÓSIO *(paciente, segurando a mão dela)* — Podia, bem. Mas apareceu o Vito, não foi?

DADINHA *(meio espalhafatosa)* — Exatamente. Dedo na ferida. Tiro na mosca. Apareceu o Vito! E quem primeiro se apaixonou por ele foi você, Ambrósio.

AMBRÓSIO *(para Vito)* — Você sabia disto? Escute, Dadinha. Eu fiquei inteiramente apaixonado. À primeira vista. Mas pela peça. Pela *Revolta*!

DADINHA — Boa saída. Tudo bem. Nem eu estava dizendo que vocês dois andaram dormindo juntos não. Pelo menos que eu tenha flagrado. Mas houve... Vamos dizer que vocês tiveram vontade.

AMBRÓSIO *(cansado, a Vito)* — Tua vez de jogar.

VITO — Passo.

AMBRÓSIO *(para Dadinha, mais animado)* — Vito foi um acontecimento na minha vida... a partir do momento em que me falou na *Revolta da cachaça.*

DADINHA — A partir do momento em que você *inspirou* a peça.

VITO *(impassível)* — Concordo. Apoiado. Joga, Ambrósio.

AMBRÓSIO — Até hoje ainda sinto a cabeça girando. Ainda sinto o deslumbramento... do amor à primeira vista! E resolvi de estalo que o trabalho do Vito, pela parte que me tocava, não ia ser perturbado. No que eu pudesse fazer, o Vito não ia ter nenhuma preocupação. Nada. Aliás, foi aí, foi nesse tempo que eu comecei a deixar de pensar em mim. Aquilo que eu estava falando. Esse troço de vida particular, amorosa, ou lá o que fosse. Mandei pra escanteio. Não pensei mais em mim.

DADINHA *(triste)* — Ou em mim. Eu provavelmente sabia disto, tinha sentido. Mas consegui fingir que não. Você me largou só de medo de perder o papel, a peça.

AMBRÓSIO — Isso está meio dramático mas não está tão errado não. Digamos, pra chegar à justa medida, que a peça passou a ocupar em mim o espaço que a gente tem para o amor. E meu espaço para o amor é muito grande.

DADINHA *(com um suspiro)* — Em relação a mim não foi. Estou me sentindo o chamado zero à esquerda, uma merda. Entrou a peça por um lado, saiu a Eduarda pelo outro. Feito *(dá uma soprada)* uma vela que a gente apaga.

AMBRÓSIO *(sorrindo)* — Podíamos fazer aqui um torneio de autopiedade, você e eu. Eu, por exemplo, diria agora que fiquei sem peça e sem Eduarda. Mas acho bom você não esquecer que logo que o Vito apareceu você começou a namorar ele. E juro que eu também achei que o Vito era muito melhor pra você do que o crioulo aqui.

VITO — Grato pela parte que me toca.

DADINHA — Você se quiser não acredite, mas eu só achei que você era crioulo quando a gente se conheceu, antes de aparecer o Vito. Quando a gente começou a transar. Tive até aquela curiosidade boboca, sabe como é? Dormir com um preto, aquele papo. Depois, poxa, durante aqueles dois anos em que a gente transou acho que nem sabia mais de que cor você era.

(Há um momento quase irreal, aqui. Como se Dadinha e Ambrósio, falando com tanto desembaraço, quisessem talvez sacudir Vito, obrigá-lo a alguma coisa, de tal forma o ignoram.)

AMBRÓSIO — Ah, não exagera, Dadinha. O Vito, quando apareceu na tua vida, te enquadrou. Eu devia talvez dizer te emoldurou. Te cercou pelos quatro lados, como a moldura faz com o quadro. Mas quando *eu* pintei na tua vida...

Você andava na fase das experiências, não andava não? E uma delas era te badalar aqui com o crioulo, confessa.

DADINHA — Olha só o pobrezinho, o discriminado! Eu, a racista ninfomaníaca! Tadinho! Acontece que você é que tinha que me apresentar às pessoas. Tua cara todo mundo manjava. O cartaz era você, pô.

AMBRÓSIO — Mas teu pessoal, hein! Quando você me obrigava a ir à tua casa! Lembra aquele dia que chegaram uns parentes teus e a gente estava na mesa, jantando, ou ajantarando, sei lá? O pessoal ainda estava entrando e tua mãe já se atirava por cima da mesa, quase caindo na sopeira, me apresentando, dando o alarma e aviso: "Aqui o grande ator, o Ambrósio!" O pessoal que estava chegando já sabia, vinha mesmo me espiar, me olhar de perto, mas tua mãe tinha medo que eles achassem que você estava dando pra mim só de tara. *(se levantando e imitando a mãe)* "Olha aqui, Eponina, você já conhecia o Ambrósio? O grande ator negro?"

(Os dois riem.)

DADINHA — Não, seu cretino, negro ela não dizia não. Ela era mais sutil. "O grande ator!"

AMBRÓSIO — Isso aí. Feito quem passa uma esponja. Me caiando de alvaiade.

DADINHA — Mas espera lá. Foram bons tempos, hein. Mesmo com os ajantarados de domingo lá em casa, confessa. *(segura a mão dele)* Não foi só o Vito não. Vito dividiu a gente, tudo bem. Ou melhor, nós dois ficamos meio gamados pelo Vito, não foi? *(Ambrósio vai dizer alguma coisa, mas Dadinha continua)* Vocês aguentaram mesmo a barra, foi? Eu às vezes penso naquele tempo e digo. Os dois, o Vito e o Ambrósio, foi feito aqueles romances e peças escritos antes da transa de homem com homem figurar na Constituição e na Declaração dos Direitos do Homem. Vocês devem ter tido um caso furtivo, discreto paca. Teve um fim de noite, um fim de porre... Eu estava procurando vocês no maior ciúme, correndo os botequins, puta da vida. Cangaceiro, Trinta e Seis, Michel. Acabei no Beco das Garrafas. Estão lembrados? Os dois na mesinha lá do canto, perto dum fícus anêmico. Aos cochichos. O pianista tocando um *"Stormy Weather"* bem sincopado, bem engasgado, bem *blues*... Lembram?

AMBRÓSIO — Me admira *você* se lembrar. Você primeiro sentou em outra mesa. Pediu logo um uísque. Nem viu a gente. Você vinha a mil, não se sabe de onde. Vestido preto, cordão de ouro. Parecia uma garrafinha de Black Label.

VITO *(se levantando)* — Era. *(pausa)* Vou lá dentro. Fazer pipi e lavar a cara. Quando a bexiga se esgota o pensamento se desembota. Sinto que a peça volta, em três movimentos, feito uma sonata. Vou e volto. Comportem-se.

DADINHA — Vai escolher armas? Um duelo?

(Vito sai com a firmeza afetada de quem sabe que ao menor descuido vai cambalear.)

DADINHA — Ai, ai. Quem havia de dizer que o dia ia acabar tão divertido? Pensei que o dia fosse ser no compasso de sempre. Tec-tec-tec da máquina de escrever, depois drinquinho, jantar, tevê, dois uísques reforçados pra se cair na cama num estupor e...

AMBRÓSIO *(voz cansada, um pouco ofegante)* — Dadinha, escuta... Me ajuda. Estou precisando da sua ajuda.

DADINHA — Vai falando.

AMBRÓSIO — O mesmo de sempre. Me ajuda com o Vito, *por favor*!

DADINHA — Peço ele em casamento pra você? Ou é só pra dar pra você?

AMBRÓSIO *(urgente, aflito)* — O de sempre, o de sempre. Pra ele retomar a peça, Dadinha, acabar a peça. Hoje. Amanhã. Eu não me incomodo de cair de joelhos pra valer, pedir, implorar. Humilhação eu tiro de letra. Desde pequeno. Desde menino. Cresceu comigo. Mas por mais que eu me humilhe o Vito vai me deixar na promessa. Como antes. Como sempre. *(pausa)* Eu acho que devo partir pras ameaças. Não me resta mais nada.

DADINHA — Ameace me retomar, neguinho. O Vito é tão comodista que só de pensar em batalhar pra descolar outra mulher ele é capaz de acabar a peça. Pra você deixar a mulher dele em paz.

AMBRÓSIO — Eu estou doente, Dadinha. Estou pifante, sabe como é?

DADINHA *(menos bêbada)* — Conversa é essa, Ambrósio?

AMBRÓSIO — Juro. E não pense que estou de cálculo, de chantagem não. Você ainda agora brincou com ideia de duelo. Eu estou perto da morte,

Dadinha. Pra mim é fácil, enten-
deu? Não estou arriscando muito
não.

DADINHA *(segurando a mão de Ambrósio)*
— Meu bem, não me assusta não.
Que negócio é esse de doença, de
morte?

*(Vito vem entrando, sem chamar a atenção. Vem
de cabelo molhado, escorrido, como quem acaba de
meter a cara na pia.)*

AMBRÓSIO *(beijando as mãos de Dadinha)* —
Juro, meu anjo.

VITO *(dirigindo-se ao público, mão a um
lado da boca, feito Dadinha no
início)* — Vito retorna, inesperada-
mente, da viagem que inventara, ao
banheiro. Depara, ao abrir a porta,
com Eduarda e Ambrósio — ó
Deus!

AMBRÓSIO *(sem soltar as mãos de Dadinha)* — Ambrósio estava pedindo a Eduarda...

VITO *(braços estendidos para Ambrósio, num gesto de terror)* — Ah, por quem sois, não! Não diga o que estava pedindo. Palavrão nunca, jamais! Peça minha é antiga.

AMBRÓSIO *(cansado, mão no peito)* — Eu estava pedindo a Dadinha que me ajudasse. Que me desse forças para convencer você a acabar a peça. Eu estou precisando muito dela, Vito. Como quem precisa dum remédio. Dum exordil, pra passar a dor. *(se levanta colérico, intenso)* Sabe quanto tempo tem que você parou de mexer nesta peça? De tocar nela? Dez anos, Vito. Até uns três anos atrás acho que perguntei a você por ela pelo menos uma vez por semana, insistente, obstinado, chato. Hoje eu vim aqui te encher o saco de novo e pela última vez. Pela última vez, está ouvindo?

VITO *(sério)* — Ambrósio, é claro que água fria na cabeça não resolve todos os problemas. Mas palavra que esta meia ducha de bica que eu tomei, com esta água daqui, boa, fria, quase gelada como está...

DADINHA *(que esvazia o copo e passa a usá--lo feito um microfone)* — Ficou cientificamente estabelecido que o segredo da cerveja Boêmia é que ela é feita com água de Petrópolis...

VITO *(prosseguindo)* — ...me clareou a cabeça. Pelo menos num ponto. *(enfático)* Vou acabar nossa peça, aconteça o que acontecer. *Tua* peça, Ambrósio, que ela tem feito você sofrer mais do que eu. E olha. Não vai ser preciso muito papo e muito rascunho pra parte nova, parte três, não. O que estava faltando, o toque, a coerência da peça, ficou tudo claro pra mim. Distante mas clarinho, clarinho. Feito quando a gente olha uma coisa pelo lado errado do binóculo: vejo a cena miúda, mas recortada, saliente. Nítida.

AMBRÓSIO *(comovido)* — Quer dizer que nem leva tempo? Você apronta o texto rapidinho? *(de repente Ambrósio desaba, chora, rosto enterrado nas mãos, ergue o rosto molhado, aos soluços)* Pelo amor de Deus, Vito. Você garante? Tem certeza? Porque você adivinha, você compreende, sabe melhor do que ninguém o que tem sido a chateação, a aporrinhação, a frustração da minha vida de ator. Mas nem você — meu amigo, meu autor querido — pode imaginar o que tem sido viver nesta puta desta vida meu papel de gente, meu papel de todos os dias. Por isso é que eu acabei assim feito um monstro que não liga pra nada nem pra ninguém, que só pensa na fama, na glória. Eu penso na glória feito quem pensa numa vingança, sabe? Um saco, Vito, uma merda. É uma merda a gente viver com pena da gente mesmo! Eu tenho tido dias de chorar só de ver no espelho minha cara. *(ri, entre as lágrimas)* E minha cara não está ficando mais bonita com o passar do tempo, não.

VITO — Olha, meu querido, eu sei que já disse coisa parecida antes, em relação à peça. Mas agora acho que é pra valer. Acho que vou escrever

o que falta com a maior segurança. Com os textos anteriores, que
você trouxe aí, mais as notas para
a terceira versão, juro... Olha, pra
te dar uma ideia: vou levar muito
menos tempo acabando a *nossa*
peça do que esta peste que está
aí na máquina.

(Ambrósio quer falar, mas literalmente não consegue, de tão perturbado e comovido. Soluça alto. Abraça-se com Vito. Ficam um instante abraçados.)

DADINHA *(segurando seu copo-microfone e cantando sensual, coleante, feito artista de boate de segunda) — Don't know why / There's no sun / Up in the sky... / Stormy weather!*

(Vito puxa Dadinha para dentro do abraço dos dois. Ficam os três de cabeças se tocando.)

DADINHA — Ah, ainda bem que eu fui incluída no abraço. Na suruba. No cachimbo da paz.

VITO — Cachimbo, não. Cachaça. *(afastando os dois)* E agora, vamos botar ordem nos trabalhos. *(para Ambrósio)* Você... Você dorme aqui hoje, não? Ou está em algum hotel?

(Ambrósio faz que não com a cabeça.)

VITO — Ótimo. A gente te arruma aí. Tem um quarto de hóspedes. A Dadinha vai verificar se a caseira deixou tudo em ordem. Os cobertores da casa são excelentes. E seu carro? Ficou estacionado no jardim? Talvez fosse bom a gente guardar ele na garagem.

AMBRÓSIO — Não vim de carro não. Vim do Rio de ônibus e aqui tomei um táxi.

VITO — Tudo bem. Amanhã te levo à rodoviária. Ou a Dadinha te leva, que assim eu posso tocar o trabalho para a frente.

AMBRÓSIO — Nosso trabalho? Nossa peça?

VITO — Me dá um mês, Ambrósio, no máximo. Não. Quinze dias. Em 15 dias eu liquido a peça que está na máquina. Depois, eu nem saio de Petrópolis. Pego *A revolta da cachaça*. Pegamos. Eu, Dadinha, você. Agora, ou vai ou racha. *(rindo)* Ou *rachamos*. Me dá teu telefone no Rio.

AMBRÓSIO — Não precisa telefone não. E também não precisa me dar carona.

DADINHA — Uai, você não está fazendo cerimônia, está? Eu te levo à rodoviária num instante. É um passeio. E pode ser até que eu te seduza de novo.

AMBRÓSIO — O que eu quero dizer é que eu vim para ficar.

(Há um momento de perplexidade.)

DADINHA — Ficar?...

AMBRÓSIO — Desculpem a sem-cerimônia. Eu vim ficar aqui, morando com vocês, até a peça ficar pronta.

(Dadinha e Vito continuam em silêncio, espantados.)

AMBRÓSIO — Por favor, Vito, você vai fazer o contrário do que acaba de propor. Você vai largar a outra peça por uns dias e acabar a nossa. Eu até saí do Rio com o teatro tratado. Já falei com o pessoal. Armei a produção, Vito, para... para ter a certeza de que desta vez você não ia adiar mais. Estão todos à espera. Só falta o texto. Pra mim é muito urgente.

VITO *(abrindo os braços)* — Ambrósio! Mas que...

AMBRÓSIO — Que topete, não é mesmo?

VITO — Não, topete não é a palavra. Eu diria que é... um abuso de amizade, sei lá. Ou talvez simplesmente um disparate, meu querido. Onde é que já se viu? Aliás, olha, durante minha meditação debaixo da bica eu pensei em propor a você não só acabar *A revolta* como, enquanto eu trabalho nela, oferecer a você um papel *nesta* peça que está na máquina. Um papel ótimo. Com uma pequena alteração...

AMBRÓSIO — Uma pequena alteração... Uma bandeja na mão, por exemplo?

VITO — Ambrósio...

AMBRÓSIO — Ou um pires? Ou se trata do chofer da casa?

VITO — Ambrósio, por favor...

AMBRÓSIO — Ou dum bombeiro-eletricista? Só que o crioulo *finge* que é bombeiro-
-eletricista mas na realidade é um assaltante. É isso, Vito? Acertei?

VITO *(paciente)* — O papel de que estou falando, Ambrósio...

AMBRÓSIO — Agora eu é que digo: Passo! Não tenho mais tempo a perder não. E só saio daqui com a peça, com A *revolta da cachaça.*

VITO — Escuta, Ambrósio. *(aponta a máquina)* Aquela peça ali tem de ser entregue. Já devia estar entregue. E não pode falhar, tá sabendo? Se falhar eu tenho que peruar qualquer trabalho na televisão que pintar. Ou faço um papagaio no banco. Ou tenho que vender esta casa, sei lá.

(Ambrósio está fazendo que não com a cabeça.)

VITO *(se queimando, embora ainda controlado)* — Depois, Ambrósio, por favor, vê se te manca. Tá ficando doido, meu irmão?

AMBRÓSIO — Não estou doido não, Vito, mas meu tempo ficou curto.

VITO — E minha paciência está ficando curta também, Ambrósio.

DADINHA *(temerosa)* — Ambrósio quer dizer que está doente, Vito.

VITO — Ambrósio... Compreenda, por favor.

AMBRÓSIO — Eu compreendi mil vezes, durante anos e anos a fio. Você pode passar uns dias sem pegar nessa aí, que está na máquina. Garanto que vai te dar tanto trabalho enfiar um crioulo aí nessa história de branco quanto acabar *minha* história, *minha* peça, a única que me deram e fizeram pra mim. Estou esperando, Vito.

VITO — Quer dizer que tua ideia é se plantar aí e ficar esperando? Sentar no sofá com Dadinha e ficar olhando o tempo, enquanto eu trabalho? Tudo bem. Não seja por isso. Eu agora, por exemplo, vou dormir. E pode ficar sabendo que, você fique ou não fique, amanhã de manhã estou na máquina trabalhando na *outra* peça, antes de pegar a *nossa* peça. Fim de papo, Ambrósio.

AMBRÓSIO — Fim de papo?

VITO — Isso aí.

(Ambrósio vai à maleta. Sente-se, num movimento de Vito, que ele pensa que o outro vai embora e se sente chateado, quase arrependido.)

VITO — Ambrósio...

(Ambrósio vai à maleta e tira dela um revólver.)

AMBRÓSIO — Eu sei que vocês gostam de teatro sofisticado, moderno. Eu também gosto, mas não tenho papel nele. E dramalhão também tem hora. Acontece por aí. Onde a gente está. Mesmo que seja Petrópolis. *(sério, apontando a arma firme em direção a Vito)* Não tenho outro recurso, Vito. Desculpe o mau jeito. Tentei fazer você compreender, ou reconhecer, o que você sabe melhor do que todo mundo. Estou de saco cheio de fazer papel de marginal, o cara que fica na praia espiando barco, no meio-fio olhando automóvel, sempre na beira, na margem. Vim aqui cobrar a fama que você me deve. Vim pra morar, pra morrer. Mas no meio do rio ou da rua. Chega de margem.

(Vito dá um passo em direção a Ambrósio, que firma a posição da arma.)

VITO — Você agora não está fazendo papel de marginal não, Ambrósio. Está fazendo um papel ridículo, só isso. Que brincadeira é essa? Vai ficar aí dias e semanas me apontando uma pistola aos miolos enquanto eu bato máquina?

AMBRÓSIO — Você não quis deixar o coração falar. Foi lavar a cara pra isso. Pra ter coragem de me despachar de novo. Eu vim buscar a peça, já te disse. Eu sabia que era a última tentativa. Pode morrer de me achar ridículo. Só se você jurar que me entrega a peça é que eu guardo o revólver.

VITO — Caso contrário...

AMBRÓSIO *(suspira, um pouco ofegante)* — Caso contrário imponho à peça o fim necessário. Representar eu sei que sei. Mas tenho que tomar cuidado com o texto. Ir formando o texto com a gente vivendo ele não é fácil não. *(vai até a mala aberta. Levanta um gravador)* Espero que meu gravador de estimação tenha guardado nosso papo aqui.

VOZ DE VITO NO GRAVADOR — "Mas agora acho que é pra valer. Acho que vou escrever o que falta com a maior segurança."

AMBRÓSIO — Só falta o final, o chamado desfecho. A cena final vai sair nos jornais, tá sabendo?

(Aproveitando o instante em que Ambrósio lida ainda com o gravador, Vito se atira contra ele, pretendendo segurar o braço direito de Ambrósio, que atira nele.

Luz se apaga. Um tempo. Ouve-se, primeiro distante, depois num crescendo, a sereia dum carro de polícia.

Quando a luz se acende há dois PMs em cena com uma Dadinha aflita, desesperada. Tanto o paletó como a maleta de Ambrósio continuam à vista. Porta do fundo está aberta, sala desarrumada.)

DADINHA — Não sei, não sei. Quando houve o disparo e vi o Vito — meu marido — cambaleando, ferido, saí correndo para chamar vocês... pra chamar a polícia.

POLICIAL 1 — Mas cadê eles?

DADINHA — Não sei. Desapareceram, sumiram. Não estão... aí fora? No jardim, no morro?

POLICIAL 2 — A gente não viu ninguém não. Mas tem um companheiro dando uma batida lá fora. O tal homem que atirou no seu marido... Ele era o quê? Assaltante a senhora disse que não era, não é mesmo.

DADINHA — Claro que não. Era amigo de meu marido. E meu. Amigo nosso. De muito tempo.

POLICIAL 1 *(desconfiado, quase confiado, fazendo gesto de quem aperta gatilho)* — Amigo do seu marido, amigo da senhora mas... Fuzilou seu marido?

POLICIAL 2 — Não dá pra entender é como é que desapareceram. Saíram de repente? Não estão lá dentro. A gente achou o portão fechado. O carro está na garagem.

(Enquanto Policial 2 olha, sem maior convicção, embaixo do sofá, Policial 1 descobre o gravador. Desliga-o, sem saber. Aperta o botão e o liga de novo.)

VOZ DE VITO — "Olha, pra te dar uma ideia:
NO GRAVADOR vou levar muito menos tempo acabando a *nossa* peça do que esta peste que está aí na máquina."

(Uma pausa. Ouve-se em seguida o soluço de Ambrósio.)

*Voz de Dadinha no gravador — Don't know why /
There's no sun / Up in the sky...*

POLICIAL 1 — Quem é que estava falando o
negócio da peça?

DADINHA — Meu marido.

POLICIAL 1 — O... O baleado?

DADINHA — É.

POLICIAL 1 — Mas depois... Parece que tem
alguém chorando?

DADINHA — É. Mais ou menos... Comovido.
Nós somos de teatro. Não estava
exatamente chorando.

POLICIAL 1 — Mas quem?... O... O outro?... O
outro cara?

DADINHA — Perfeitamente. Nosso amigo
Ambrósio.

POLICIAL 1 — Ahnnn... O canto era... A senhora, não? A música?

DADINHA — Era.

POLICIAL 1 *(confiado)* — Voz bacana. Meus
parabéns.

(Dadinha vai à maleta, estende a mão para pegar o gravador, mas é detida.)

Policial 1 — A senhora desculpe, mas esse gravador fica com a gente. Aí mesmo. Dentro da mala.

(Dadinha dá de ombros e vai se sentar no sofá quando se ouve na sala um gemido surdo, um som cavo. O ruído vem do tonel, cuja tampa é suspensa por dentro. Dadinha e os dois policiais se precipitam para o tonel.)

Dadinha *(grita)* — Vito!

(Os policiais vão içando Vito, encharcado, de dentro do tonel.)

Vito — Ai! Meu ombro. *(voz muito enrolada)* Abri com o ombro... Tiro na peça?... Ha! Eu, hein!

DADINHA — Cuidado! Parece que ele foi ferido.

(Vito é extraído do tonel e deitado num dos sofás.)

VITO *(incoerente)* Cortem-lhe a cabeça!... É preciso balançar o vinho. A peça que é o negócio... Vê se te fode, Ambrósio. Palavrão, não!

DADINHA — Vito, meu bem... Ai! Onde foi o tiro?

POLICIAL 1 — A gente quando veio chamou ambulância. *(examina bem o ombro de Vito)* Mas olha, o tiro foi muito de raspão. Garanto que a bala deve estar enfiada aí na parede. A gente acha ela.

POLICIAL 2 *(cheirando Vito, cheirando a mão)* — O cheiro... O que é que tem nessa pipa aí?

DADINHA — Cachaça.

POLICIAL 1 *(ainda mais desrespeitoso)* — Ahnnn...
Tudo bem. Tudo joia. Agora só
falta um. Só falta caçar o distinto
aí no jardim, no morro. Como é
que é ele? A cara do cara? O do
tiro?

DADINHA — Mais pra baixo que alto. Mais
pra magro. Meia-idade...

POLICIAL 1 — O jeito dele. Os cornos. Quer
dizer, a cara?

DADINHA — É preto.

POLICIAL 2 *(imitando Policial 1)* — Ahnnn...
Crioulo.

DADINHA — Preto retinto.

(Ouvem-se disparos, fora. Dadinha, que enxugava o rosto de Vito e o acariciava, enterra o próprio rosto nas mãos. Assim fica, enquanto Policial 2 sai. Um instante depois, Policial 3, que estava dando a batida fora, e Policial 2 entram carregando o corpo ensanguentado de Ambrósio. Deitam-no no outro sofá.)

POLICIAL 3 — Eu só atirei depois que o moleque atirou, juro. Eu vi ele direitinho, em mangas de camisa. Ele nem estava se escondendo pra valer, não. Meio doidão. E me apontou a pistola. Eu ainda berrei, "larga a arma, crioulo!". *(para Dadinha)* Foi assalto, não foi?

POLICIAL 1 — Te mete nisso não. Depois a gente vê, nos inquéritos. Coisa meio ruça. O distinto aí?... Morreu?

POLICIAL 3 — De tiro não foi, que eu já olhei. No máximo esfarelei o joelho dele com um balaço. Mas ele está esquisito. Preto virando branco...

(Dadinha vai até Ambrósio. Põe a mão no coração dele.)

DADINHA *(quase impessoal, como se estivesse prestando declarações)* Morreu. O coração dele andava muito cansado. Muita luta. Desapontamentos. Essas coisas.

POLICIAL 3 *(meio perplexo, apontando Vito que delira)* — E o moço ali?

POLICIAL 1 — Levou um tiro, mas muito de raspão. Esfolou o ombro dele. Basta um cuidadinho qualquer. Até *band-aid*. Nem carece levar ele agora não, que ele está cheio de cachaça. Não dá nem pra tomar depoimento. *(para Policial 2)* Você fica aqui na casa. Mais tarde a gente volta. Eu levo a mala com o gravador. O resto você vigia.

POLICIAL 3 — E o crioulo?...

POLICIAL 1 *(tira capacete, coça a cabeça)* — Bom, a gente espera um pouco. Vem aí a ambulância, com o médico. *(franco)* Mas acho que o crioulo podia ir direto pro necrotério. *(para Dadinha)* A senhora, o que é que acha?

DADINHA — Acho isso mesmo. Levem o morto.

POLICIAL 3 *(meio em dúvida, olhando Vito)* — O outro?...

DADINHA — O outro está só de porre.

Maricá – Leblon, 18 de abril de 1982.

PERFIL DO AUTOR

O senhor das letras

Eric Nepomuceno
Escritor

Antonio Callado era conhecido, entre tantas outras coisas, pela sua elegância. Nelson Rodrigues dizia que ele era "o único inglês da vida real". Além da elegância, Callado também era conhecido pelo seu humor ágil, fino e certeiro. Sabia escolher os vinhos com severa paixão e agradecer as bondades de uma mesa generosa. E dos pistaches, claro. Afinal, haverá neste mundo alguém capaz de ignorar as qualidades essenciais de um pistache?

Pois Callado sabia disso tudo e de muito mais.

Tinha as longas caminhadas pela praia do Leblon. Ele, sempre tão elegante, nos dias mais tórridos enfrentava o sol com um chapeuzinho branco na cabeça, e eram três, quatro quilômetros numa caminhada puxada: estava escrevendo. Caminhava falando consigo mesmo: caminhava escrevendo. Vivendo. Porque Callado foi desses escritores que escreviam o que tinham vivido, ou dos que vivem o que vão escrever algum dia.

Era um homem de fala mansa, suave, firme. Só se alterava quando falava das mazelas do Brasil e dos vazios do mundo daquele fim de século passado. Indignava-se contra a injustiça, a miséria, os abismos sociais que faziam — e em boa medida ainda fazem — do Brasil um país de desiguais. Suas opiniões, nesse tema, eram de suave mas certeira e efetiva contundência. E mais: Callado dizia o que pensava, e o que pensava era sempre muito bem sedimentado. Eram palavras de uma lucidez cristalina.

Dizia que, ao longo do tempo, sua maneira de ver o mundo e a vida teve muitas mudanças, mas algumas — as essenciais — permaneceram intactas. "Sou e sempre fui um homem de esquerda", dizia ele. "Nunca me filiei a nenhum partido, a nenhuma organização, mas sempre soube qual era o meu rumo, o meu caminho." Permaneceu, até o fim, fiel, absolutamente fiel, ao seu pensamento. "Sempre fui um homem que crê no socialismo", assegurava ele.

Morava com Ana Arruda no apartamento de cobertura de um prédio baixo e discreto de uma rua tranquila do Leblon. O apartamento tinha dois andares. No de cima, um terraço mostrava o morro Dois Irmãos, a Pedra da Gávea e o mar que se estende do Leblon até o Arpoador. Da janela do quarto que ele usava como estúdio, aparecia esse mesmo mar, com toda a sua beleza intocável e sem fim.

O apartamento tinha móveis de um conforto antigo. Deixava nos visitantes a sensação de que Callado e Ana viviam desde sempre escudados numa atmosfera cálida. Havia um belo retrato dele pintado por seu amigo Cândido Portinari, de quem Callado havia escrito uma biografia. Aliás, escrita enquanto Portinari pintava seu retrato. Uma curiosa troca de impressões entre os dois, cada um usando suas ferramentas de trabalho para descrever o outro.

Havia também, no apartamento, dois grandes e bons óleos pintados por outro amigo, Carlos Scliar.

Callado sempre manteve uma rígida e prudente distância dos computadores. Escrevia em sua máquina Erika, alemã e robusta, até o dia em que ela não deu mais. Foi substituída por uma Olivetti, que usou até o fim da vida.

Na verdade, ele começava seus livros escrevendo à mão. Dizia que a literatura, para ele, estava muito ligada ao rascunho. Ou seja, ao texto lentamente trabalhado, o papel diante dos olhos, as correções que se sucediam. Só quando o texto adquiria certa consistência ele ia para a máquina de escrever.

Jamais falava do que estava escrevendo quando trabalhava num livro novo. A alguns amigos, soltava migalhas da história, poeira de informação. Dizia que um escritor está sempre trabalhando num livro, mesmo quando não está escrevendo. E, quando termina um livro, já tem outro na cabeça, mesmo que não perceba.

Era um escritor consagrado, um senhor das letras. Mas ainda assim carregava a dúvida de não ter feito o livro que queria. "A gente sente, quando está no começo da carreira, que algum dia fará um grande livro. O grande livro. Depois, acha que não conseguiu ainda, mas que está chegando perto. E, mais tarde, chega-se a uma altura em que até mesmo essa sensação começa a fraquejar...", dizia com certa névoa encobrindo seu rosto.

Levou essa dúvida até o fim — apesar de ter escrito grandes livros.

Foi também um jornalista especialmente ativo e rigoroso. Escrevia com os dez dedos, como corresponde aos profissionais de velha e boa cepa. E foi como jornalista que ele girou o mundo e fez de tudo um pouco, de correspondente de guerra na

BBC britânica a testemunha do surgimento do Parque Nacional do Xingu, passando pela experiência definitiva de ter sido o único jornalista brasileiro, e um dos poucos, pouquíssimos ocidentais a entrar no então Vietnã do Norte em plena guerra desatada pelos Estados Unidos.

A carreira de jornalista ocupou a vaga que deveria ter sido de advogado. Diploma em direito, Callado tinha. Mas nunca exerceu o ofício. Começou a escrever em jornal em 1937 e enfrentou o dia a dia das redações até 1969. Soube estar, ou soube ser abençoado pela estrela da sorte: esteve sempre no lugar certo e na hora certa. Em 1948, por exemplo, estava cobrindo a 9ª Conferência Pan-americana em Bogotá quando explodiu a mais formidável rebelião popular ocorrida até então na Colômbia e uma das mais decisivas para a história contemporânea da América Latina, o Bogotazo. Tão formidável que marcou para sempre a vida de um jovem estudante de direito que tinha ido de Havana, um grandalhão chamado Fidel Castro, e que também acompanhou tudo aquilo de perto.

Houve um dia, em 1969, em que ele escreveu ao então diretor do *Jornal do Brasil* uma carta de demissão. Havia um motivo, alheio à vontade dos dois: a ditadura dos generais havia decidido cassar os direitos políticos de Antonio Callado pelo período de dez anos e explicitamente proibia que ele exercesse o ofício que desde 1937 garantia seu sustento. Foi preciso esperar até 1993 para voltar ao jornalismo, já não mais como repórter ou redator, mas como um articulista de texto refinado e com visão certeira das coisas.

Até o fim, Callado manteve, reforçada, sua perplexidade com os rumos do Brasil, com as mazelas da injustiça social. E até o fim abandonou qualquer otimismo e manteve acesa sua ira mais solene.

Sonhou ver uma reforma agrária que não aconteceu, sonhou com um dia não ver mais os milhões de brasileiros abandonados à própria sorte e à própria miséria. Era imensa sua indignação diante do Brasil ameaçado, espoliado, dizimado, um país injusto e que muitas vezes parecia, para ele, sem remédio. Às vezes dizia, com amargura, que duvidava que algum dia o Brasil deixaria de ser um país de segunda para se tornar um país de primeira. E o que faria essa diferença? "A educação", assegurava. "A escola. A formação de uma consciência, de uma noção de ter direito. Trabalho, emprego, justiça. Ou seja: o básico. Uma espécie de decência nacional. Porque já não é mais possível continuar convivendo com essa injustiça social, com esse egoísmo."

Sua capacidade de se indignar com aquele Brasil permaneceu intocada até o fim. Tinha, quando falava do que via, um brilho especial, uma espécie de luz que é própria dos que não se resignam.

Desde aquele 1997 em que Antonio Callado foi-se embora para sempre, muita coisa mudou neste país. Mas quem conheceu aquele homem elegante e indignado, que mereceu de Hélio Pellegrino a classificação de "um doce radical", sabe que ele continuaria insatisfeito, exigindo mais. Exigindo escolas, empregos, terras para quem não tem. Lutando, à sua maneira e com suas armas, para poder um dia abrir

os olhos e ver um país de primeira classe. E tendo
dúvidas, apesar de ser o senhor das letras, se algum
dia faria, enfim, o livro que queria — e sem perceber
que já tinha feito, que já tinha escrito grandes livros,
definitivos livros.

Este livro foi composto na tipologia Minion Pro
Regular, em corpo 12/17, e impresso em
papel off-white 90g/m² no Sistema Digital Instant
duplex da Divisão Gráfica da Distribuidora Record.